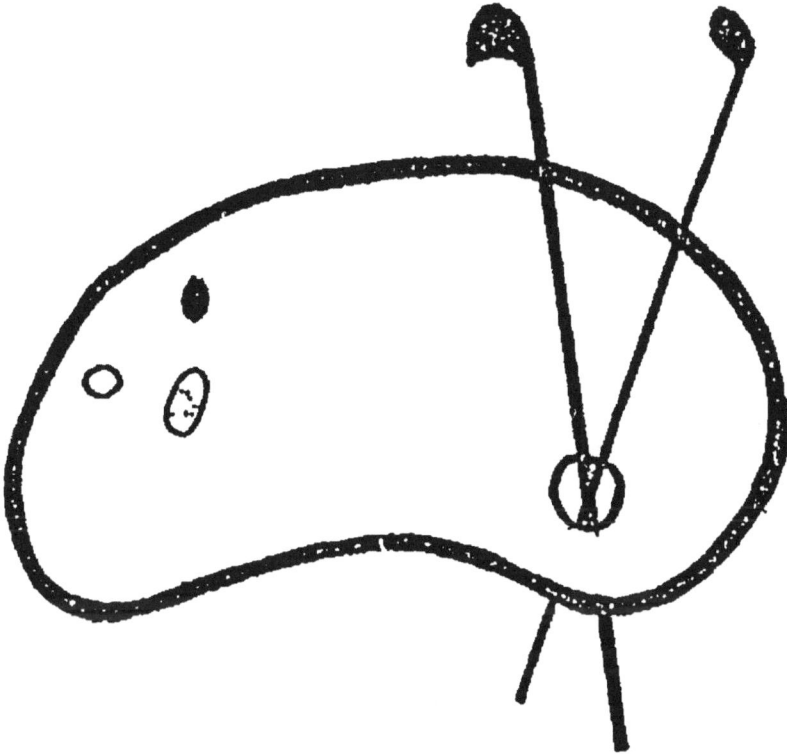

COUVERTURE SUPERIEURE ET INFERIEURE
EN COULEUR

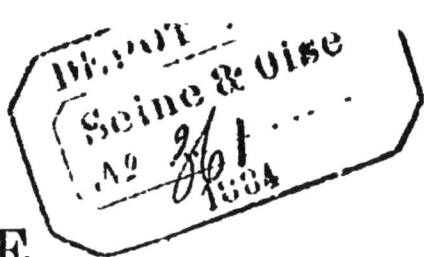

MORALE
DE L'ENFANCE

Par M. l'abbé J.-E. GABRIEL

ANCIEN PROFESSEUR, DOCTEUR EN THÉOLOGIE

« Laissez venir à moi les petits enfants,
» le royaume des Cieux est pour ceux qui
» leur ressemblent » MARC, x, 14.
« Aimez l'enfance, ne vous laissez pas
» rebuter, même par son ingratitude Si
» les petits enfants ne comprennent pas le
» bien que vous leur faites, Celui qui a créé
» leurs âmes immortelles le voit et ne
» l oublie pas. »

TH. H. BARRAU.

CINQUIÈME EDITION

PARIS

LIBRAIRIE CLASSIQUE EUGÈNE BELIN

Vᵉ EUGÈNE BELIN & FILS

RUE DE VAUGIRARD, N° 52

1884

A SA GRANDEUR Mgr LOUIS DELCUSY
ÉVÊQUE DE VIVIERS.

MONSEIGNEUR,

En publiant « la Morale de l'enfance », c'est pour moi un devoir sacré de vous en offrir l'hommage.

Si cet ouvrage fait quelque bien, c'est à Votre Grandeur qu'en reviendra le premier mérite

L'amour de l'enfance me l'a dicté, et cet amour je l'ai puisé dans votre cœur et dans vos exemples.

Daignez agréer,

MONSEIGNEUR,

L'expression bien sincère de mon très-profond et très-affectueux respect.

L'abbé GABRIEL.

PRÉFACE

Les livres destinés à instruire l'enfance dans les écoles ne manquent pas; cependant le but qu'on s'est proposé a-t-il été complétement atteint?

Quelques-uns contiennent des préceptes de morale, mais de la manière dont ils sont exposés, les enfants ne sont guère en état de les entendre ni d'en profiter.

Vu leur âge tendre, la plupart des petits enfants qui commencent à lire ont beaucoup de peine à se faire une idée des choses exprimées par les mots, quand ces choses ne sont pas des objets matériels à leur portée.

Le français n'est pas la langue qu'ils apprennent ordinairement à parler dans leurs familles, surtout dans les campagnes, où le patois est l'idiome vulgaire. On conçoit dès lors la difficulté qu'ont de pauvres enfants de six à sept ans à comprendre des mots qui ne leur rappellent aucun des objets qui leur sont connus.

Si, au contraire, les mots qu'ils lisent leur représentent des choses qu'ils connaissent déjà, la lecture leur devient plus facile et plus intéressante.

Il est donc très-important, pour dissiper l'ennui qui accompagne les premières leçons, de ne mettre entre les mains des commençants que des livres dont presque tous les mots ne dépassent pas la portée du jeune âge.

Quelques auteurs se sont appliqués à ne rien dire que de très-commun pour ne pas embarrasser les enfants ; mais, à force d'être communs, ils sont souvent tombés dans la trivialité. Ils ont mis dans leurs livres des phrases qui ne disent rien au cœur, par exemple : « la soupe fume sur la table ; — Nous voyons le soleil ; — Jules a beaucoup de livres, etc. »

D'autres ont composé des livres qui renferment quelques contes, fables ou historiettes. Le but qu'ils se sont proposé est louable, et ces contes, fables ou historiettes, se rapportent à quelque vertu ou à quelque vice de l'enfance.

Mais ces livres se ressemblent presque tous pour le fond et pour la forme. Ils laissent de côté bien des sujets intéressants auxquels on peut attacher une idée morale, qui aurait l'avantage de mieux se graver encore dans l'esprit et le cœur des enfants, parce qu'elle serait unie à un objet sensible. N'est-ce pas d'ailleurs la méthode de l'Evangile ? C'est presque toujours sous la forme de parabole ou de comparaison que le Sauveur y donne ses divins enseignements.

Un livre qui offrirait ainsi aux commençants une véritable leçon des choses, d'une manière claire, simple et facile, ne pourrait manquer d'être agréable aux petits enfants et à ceux qui sont chargés de les initier à la lecture et de former leur cœur à la vertu.

Puisse la *Morale de l'enfance* remplir convenablement cette double fin ! C'est le vœu le plus sincère de l'auteur.

MORALE
DE L'ENFANCE

LES OEUVRES DE DIEU.

Le livre où l'on apprend à lire est fait avec du papier.

Sur ce papier, on a imprimé des lettres avec de l'encre;

C'est en étudiant ces lettres et les mots qui en sont formés, qu'on apprend à lire.

Mais il y a un grand livre qui est autrement composé.

Pour savoir lire dans ce livre,

il ne faut pas beaucoup de
temps.

Il suffit d'ouvrir les yeux
et de regarder avec un peu
d'attention les choses qui y sont.
Il nous enseigne tout ce qu'il y
a de plus beau et de plus utile.

Ce livre n'est autre chose que
les œuvres de Dieu ou l'Univers.

L'Univers se compose du ciel
et de la terre.

LE CIEL.

Au dessus de nos têtes, il y
a une immense et superbe voûte
d'azur, où des milliers d'astres
brillent d'un vif éclat.

C'est le ciel. Le plus beau et le plus éclatant de tous les astres que les yeux puissent apercevoir est le soleil.

Il nous donne cette belle lumière qui s'appelle le jour.

Le jour commence à paraître aussitôt que le soleil se montre à l'horizon.

La lumière qu'il envoie alors sur la terre ne produit qu'une faible clarté.

Si le jour nous était rendu tout à coup, dans tout son éclat, nos yeux seraient éblouis en passant subitement de la nuit au grand jour.

Mais il n'en est pas ainsi.

Le matin, au point du jour, le lever du soleil nous est annoncé, du côté du ciel qu'on nomme Est ou Orient, par l'apparition de ses premiers rayons.

C'est l'aube ou l'aurore.

Peu à peu, ces rayons donnent une clarté plus grande.

Enfin on a le véritable jour.

A midi, le jour atteint son point le plus éclatant;

Et le soir, avant de disparaître au couchant, le soleil nous retire insensiblement sa lumière.

C'est le crépuscule; autrement, si nous passions subitement du jour à une nuit profonde, nous serions effrayés par l'horreur des ténèbres.

Non-seulement le soleil nous donne la lumière, mais il fait naître et mûrir les fruits.

LES SAISONS.

Il règle encore le cours des saisons.

C'est à la marche régulière de la terre autour du soleil, qui est immobile au centre du monde, que nous devons :

Le printemps, l'été, l'automne et l'hiver.

Le printemps fait taire les vents glacés, montre les fleurs et promet les fruits.

L'été donne les riches moissons.

L'automne répand les fruits promis par le printemps. L'hiver, la neige tombe, il fait froid.

L'hiver est une espèce de nuit, qui concentre tous les trésors de la terre, afin de les déployer au printemps suivant.

Les quatre saisons composent les douze mois de l'année, savoir :

Janvier, février, mars, avril, mai, juin, juillet, août, septembre, octobre, novembre, décembre.

Pendant la nuit, le ciel nous présente un spectacle admirable.

Un astre, qui s'appelle la lune, éclaire la terre de sa pâle lumière.

Elle se montre lorsque le soleil va éclairer l'autre partie de la terre, opposée à celle que nous habitons.

Sa lumière sombre répand sur les ténèbres de la nuit un calme qui semble suspendre les fatigues et adoucir les peines.

« C'est durant la nuit que les bêtes de la forêt se répandent sur la terre,

« Et cherchent la nourriture que Dieu leur a destinée.

« Le soleil se levant ensuite, elles se rassemblent et rentrent dans leurs retraites.

« Alors, l'homme sort pour aller faire son ouvrage, et travailler jusqu'au soir[1]. »

Nous voyons encore dans le ciel une multitude d'étoiles.

Elles sont comme autant de flambeaux allumés pour luire à nos yeux, sur ce petit globe qu'on nomme la terre.

Nous y voyons aussi des nua-

1. *Psaume* 103; versets 20 et suivants.

ges de toutes les figures et des couleurs les plus variées.

Ces nuages, qui volent comme sur les ailes des vents, sont des mers suspendues au-dessus de nos têtes.

Ils se réduisent ensuite en pluie qui tombe goutte à goutte pour arroser la terre.

Quelquefois ces nuages portent dans leurs flancs des orages terribles.

Ils s'annoncent par des éclairs et le tonnerre, et sont suivis de la grêle, dont les ravages détruisent les espérances du laboureur.

D'autres fois, on voit se des-

siner sur le ciel un arc aux couleurs les plus vives et les plus
brillantes.

C'est l'arc-en-ciel. Sa beauté,
sa grandeur, ravissent celui qui
le contemple.

Il est l'emblême de l'espé-
rance. Il naît avec la pluie, mais
il annonce sa fin.

Quand il paraît, c'est que les
nuages vont se dissiper, et que
le soleil va bientôt resplendir
dans les cieux pour nous donner le beau temps.

Aussi Dieu l'a-t-il désigné
comme le signe de son alliance
avec la terre et comme un appel

à notre confiance en sa bonté envers nous.

Oh! comme les cieux racontent la gloire de Dieu! car c'est Dieu qui a fait toutes ces choses.

Il a semé les étoiles dans le ciel, comme les grains de sable sur le rivage des mers.

Mais autant le ciel est élevé au-dessus de la terre, autant sa tendresse est grande pour ses enfants;

Autant sa compassion est grande pour ceux qui le craignent[1].

1. *Psaume* 102; versets 11 et 13.

L'ENFANT ET LE SAVANT.

Un jeune enfant priait; un savant de la ville
Lui dit, croyant l'embarrasser un peu :
« Jetedonneuneorange, à toi, qu'ondithabile,
    « Si tu peux me dire en quel lieu
        « Est Dieu. »
L'enfant répond : « Je vous en donne mille,
    « Si, pour me tirer d'embarras,
  « Vous me dites où Dieu n'est pas. »

LA TERRE.

Dieu a regardé la terre et l'a comblée de ses biens[1].

Cette terre, qui nous porte, tire de son sein fécond tout ce qu'il faut pour notre nourriture.

Tout en sort, tout y rentre; tout y renaît chaque année, elle ne s'épuise jamais.

1. *Ecclés.* XVI, 29.

Elle se couvre de verdure, elle nous nourrit ainsi que les animaux qui nous servent.

On ne peut faire un pas sur la terre, ni creuser sous nos pieds, sans y trouver partout des objets de la bonté de Dieu envers nous.

Sa Providence a prévu tous nos besoins. Elle a placé partout de quoi occuper nos mains, exercer notre industrie, exciter notre reconnaissance, mériter notre amour.

LES MINÉRAUX.

C'est du sein de la terre qu'on

tire l'or, l'argent, le fer plus utile que l'or;

Le cuivre, l'étain, le plomb;

La pierre, le plâtre, la chaux, qui servent à bâtir les maisons;

Le souffre, le nitre, le charbon de terre, et tant d'autres choses dont on se sert chaque jour.

LES VÉGÉTAUX.

Les arbres sont de grands bouquets qui ornent la terre, comme les cheveux ornent la tête de l'homme.

Ils nous donnent du bois pour nous chauffer et faire des

meubles, des fruits pour notre nourriture.

Ces grands arbres, qui s'élè-

Forêt.

vent dans la campagne, dans les forêts, sur le bord des rivières ou des chemins, sont sortis d'une petite graine.

Maintenant ils portent leurs

têtes bien haut dans les airs.

Quand ils sortirent de terre, leur tige était semblable à un brin d'herbe.

Cette tige s'est changée en bois. Elle est recouverte d'une écorce épaisse, et se divise, à son sommet, en longues branches ou rameaux.

Les branches ont des feuilles différentes les unes des autres selon l'espèce d'arbre à laquelle elles appartiennent.

L'écorce de quelques arbres est d'une grande utilité. Celle du chêne-liége sert à faire des bouchons.

On fait avec celle du chêne

Récolte du liège.

ordinaire le tan. Pour cela,

on la réduit, entre les meules d'un moulin, en poudre assez fine.

Ensuite on la met tremper, dans de l'eau où l'on fait séjourner le cuir pendant un certain temps, afin que le cuir se conserve et puisse être employé à notre usage.

Parmi les arbres des forêts, on distingue le chêne, l'ormeau le frêne, le hêtre, le charme, le sapin, l'érable, le pin dont on extrait la résine, la térébenthine, le goudron.

Parmi les arbres qui portent des fruits, on remarque le pom-

mier, le poirier, le châtaignier,
le cérisier, le noyer, le pêcher,
l'amandier, l'abricotier, le fi-
guier, l'olivier.

Branche d'olivier

C'est avec les olives qu'on fait
une huile excellente. Avec les
fruits du noyer on fait l'huile
de noix si employée dans les
campagnes.

Il y a encore des arbres qui
font l'ornement des cours et des
jardins : le tilleul, le laurier,
l'if, l'acacia, le platane, le cyprès,
le saule pleureur.

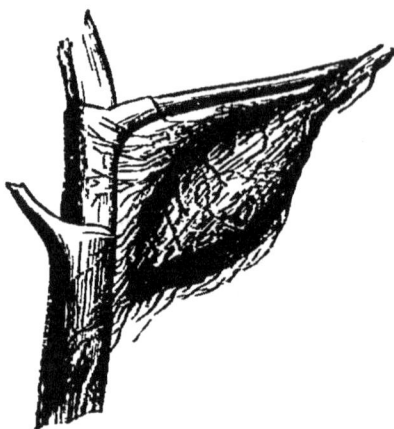

L'arbre qu'on
appelle mûrier
fait la richesse
de certains
pays. C'est avec
les feuilles de
cet arbre qu'on

Cocon de ver à soie.

élève le ver à soie qui file les
cocons dont on fait les belles
étoffes de soie.

Jésus nous dit dans l'Évangile qu'un bon arbre porte de

bons fruits, et qu'un mauvais arbre porte de mauvais fruits.

C'est-à-dire que l'homme ou l'enfant qui a le cœur bon fait ce qui est bon et louable; que celui qui a le cœur mauvais fait ce qui est mauvais et honteux,

LES PLANTES.

Dieu, dans sa bonté pour nous, a tapissé la terre de plantes.

Quelques-unes de ces plantes nous servent d'aliments; d'autres de remèdes. Les plantes dont on se sert comme remèdes se nomment plantes médicinales.

Épi de blé.   Fleur de lin.

Le blé avec ses épis dorés nous donne le pain que nous mangeons.

Avec le lin, le chanvre, on fait le linge que nous portons ou dont nous nous servons.

Dieu a parsemé le tendre et vert gazon de fleurs de toutes couleurs, qui exhalent de doux parfums.

La tulipe est bien belle, mais elle n'a pas d'odeur; la violette est une petite fleur, qui se cache sous l'herbe, mais son parfum est des plus suaves.

La rose est la reine des fleurs. Elle plaît à la vue par sa beauté et répand une odeur exquise. La beauté avec la bonté, c'est la perfection.

Le lis fait surtout plaisir par son éclatante blancheur. — Il est le symbole des cœurs purs, comme la violette est celui de la simplicité et de la modestie.

« Voyez les lis des champs,

dit le Sauveur Jésus, dans l'E-vangile!

« Comme ils croissent! ils ne travaillent point, ils ne filent point :

« Et cependant Salomon lui-même, dans toute sa gloire, n'a jamais été vêtu comme l'un d'eux.

« Or, si l'herbe qui est aujourd'hui dans les champs, et qui demain sera jetée au four, Dieu la vêtit ainsi,

« Combien plus le fera-t-il pour vous [1]. »

Jésus nous apprend par cet

1. Matthieu, vi, 25.

exemple à mettre par-dessus tout notre confiance en Dieu, pour toute chose;

A le regarder comme un tendre père, qui prendra soin de nous, si nous l'adorons et l'aimons de tout notre cœur, et si nous élevons vers lui des mains pures de toute iniquité et de toute injustice.

Beaucoup de fleurs sont encore remarquables par leur parfum.

Le parfum des fleurs est le langage muet qu'elles nous adressent pour se faire aimer.

C'est comme une prière

2.

qu'elles envoient vers le ciel pour nous inviter à prier à notre tour.

Sait-on d'où vient le parfum de la rose? Non! C'est son secret. La rose ne l'a dit à personne; l'œillet aux couleurs si tendres et si délicates, non plus; la modeste violette et le lis si éclatant défient qu'on découvre jamais le leur.

Il leur suffit de faire leur devoir sous la pluie, sous la rosée, sous le soleil que leur envoie la bonté de Dieu, pour pouvoir sentir bon et embaumer.

Mais, dit Salomon, une bonne conduite exhale une odeur plus suave que le plus doux parfum [1].

L'EAU.

Si nous tournons nos regards vers les mers, les fleuves, les rivières, les ruisseaux, nous y voyons des choses bien dignes d'admiration.

« Dieu a prescrit des bornes à la mer, afin qu'elle ne vienne point couvrir la terre. »

« Il conduit les fontaines dans les vallées et fait couler les

[1] *Ecclésiaste*, VII, 2.

eaux entre les montagnes [1]. »

LES POISSONS.

« Dans cette mer si grande et d'une si vaste étendue, se trouve un nombre infini de poissons [2]. »

Il y en a de très-grands, comme la baleine et le requin;

De petits, comme la morue, la sardine, le hareng. On prend de très-grandes quantités de morues, de sardines et de harengs. Après les avoir salés ou

1. *Psaume* 103.
2. *Ibidem.*

desséchés, pour les conserver,
on les vend. Ils sont ensuite

Hareng.

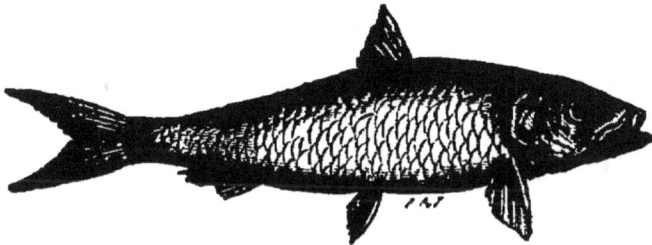

Sardine.

Morue.

consommés dans les villes et
dans les campagnes.

Ils deviennent une grande ressource pour tout le monde, dont ils font une bonne nourriture.

Dans les rivières et les ruisseaux, on pêche la carpe, le barbeau, l'anguille, la truite, le goujon et l'écrevisse, et d'autres poissons.

L'écrevisse marche à reculons, aussi on dit habituellement d'un écolier qui, au lieu de faire des progrès, n'apprend rien, qu'il marche comme les écrevisses.

Dieu, en peuplant les eaux de poissons de tant d'espèces

différentes, a voulu pourvoir à l'entretien de notre vie.

C'est lui seul qui nous prépare cette nourriture, pour nous la donner, lorsque le temps en est venu.

Alors, il semble ouvrir sa main sur nous, et nous fait ressentir les effets de sa bonté[1].

LES OISEAUX.

Dieu a fait encore d'autres créatures plus belles que les poissons, pour voler dans les airs.

Ce sont les oiseaux. Ils se

1, *Psaume* 103.

perchent sur les arbres et chantent parmi leurs branches.

Les oiseaux sont couverts de plumes de diverses couleurs.

Le serin est jaune; le perroquet vert, jaune et rouge; le merle noir; le chardonneret a le plumage gris, mélangé de jaune et d'une tache rouge sur la tête; le corbeau est tout noir; la pie est d'un noir bleu avec une tache blanche sur les ailes. La pie est méprisée parce que c'est une bavarde et une voleuse.

L'hirondelle a aussi le corps noir en dessus, mais sa poitrine est blanche. C'est l'oiseau du printemps.

Elle revient des pays chauds quand elle connaît que chez nous il ne fait plus froid.

Elle rase la terre en volant, quand il doit pleuvoir.

Il faut se garder de faire du mal aux hirondelles ; car c'est le bon Dieu qui nous les envoie pour nous débarrasser de ces milliers d'insectes incommodes et nuisibles, que fait naître l'air tiède et humide du printemps.

Le paon est le plus beau des oiseaux, quelquefois il étale sa queue comme un éventail.

L'on dirait alors qu'il est paré des plus belles fleurs, et des perles les plus brillantes.

Mais s'il a une magnifique parure, il a un chant désagréable, car il miaule comme un chat.

Cet oiseau est l'image des gens orgueilleux, qui brillent aux yeux du monde, mais qui sont dépourvus devant Dieu de vertus et de mérite.

Le rossignol, au contraire, est petit, son plumage est d'un brun roussâtre, mais il chante bien.

C'est pendant la nuit, dans les bois ou les bocages, que le

rossignol fait entendre ses jolies chansons.

Le petit roitelet, si petit, qu'il n'est pas plus gros qu'une noisette, s'en va voletant, çà et là, le long des haies.

Il chante sur la branche d'aubépine en fleurs.

Pendant l'hiver, si triste, au temps des neiges, il semble aussi gai qu'au printemps.

Il cache son nid, le plus souvent, sous le toit des chaumières.

Il semble dire par là que le bonheur se trouve de préférence dans la médiocrité;

Que pour être heureux, il

faut savoir se contenter comme lui de peu de chose.

C'est de là sans doute qu'est venu le proverbe : heureux comme un roitelet.

Quelques oiseaux peuvent nager et voler, tels que le canard, l'oie, la sarcelle, le cygne. Cet oiseau avec son long cou, qu'il courbe avec tant de grâce, et son plumage blanc comme la neige, fait l'ornement des réservoirs et des canaux.

Il y a des oiseaux très-grands, comme l'aigle, le vautour, l'autruche.

L'aigle bâtit son nid dans les

lieux les plus élevés. Ses ailes

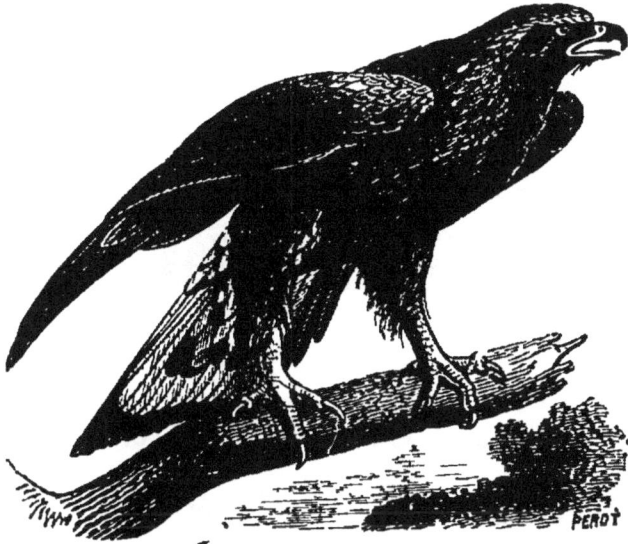

L'aigle.

sont très-longues, et il vole aussi haut que les nuages.

Le plus doux des oiseaux c'est la colombe. Le Sauveur Jésus nous recommande d'être comme elle, c'est-à-dire simples et sans malice.

Rien n'est plus curieux que la manière dont les oiseaux font leurs nids.

Le bec et les pattes sont les seuls instruments qu'ils emploient pour la construction de cet ouvrage.

Avec le bec ils ramassent les matériaux nécessaires pour bâtir le nid, comme des brins d'herbes, de la mousse, des plumes, des flocons de laine, du duvet.

Ils se servent de leurs pattes avec une habileté étonnante pour les arranger.

A la vue de ces nids si bien

faits, qui n'admirerait la bonté de la Providence qui a donné aux oiseaux une si grande adresse pour construire le berceau de leurs petits.

Les enfants qui détruisent les nids commettent une injustice et une cruauté.

Ils occasionnent un grand préjudice à l'agriculture, car les petits oiseaux mangent les chenilles, les vers et les autres insectes qui s'attaquent aux récoltes ;

Ensuite, combien est grande la désolation du père et de la mère quand ils ne trouvent plus leur nid, ni leurs petits qu'ils aimaient tant.

« Si en allant par le chemin, a dit Dieu dans le livre de la Bible, vous venez à trouver sur un arbre ou à terre un nid d'oiseau, et que la mère se trouve sur ses petits ou sur ses œufs,

Vous ne la prendrez point avec ses petits, afin que vous soyez heureux et que vous viviez longtemps[1]. »

Si le blé vient dans les champs, si le raisin vient dans les vignes, le fruit sur les arbres, c'est aux oiseaux que nous

1. *Deutéronome*, xxii, versets 6 et 7.

le devons en grande partie, il faut donc les protéger.

Jésus nous dit dans l'Évangile : « regardez les oiseaux du ciel. Ils ne sèment point, ni ne moissonnent point, ni n'amassent point dans les greniers, et votre père céleste les nourrit[1]. Deux passereaux ne se vendent-ils pas un as? Cependant pas un d'eux n'est en oubli devant Dieu[2]. »

Que la bonté de Dieu pour ces petits êtres nous inspire une grande tendresse pour eux,

1. Matthieu, xi, 26.
2. Luc, xii, 6.

et nous détourne de leur faire jamais aucun mal sans nécessité!

Les oiseaux sont aussi différents par leurs cris que par leur plumage.

La poule, si admirable par l'amour qu'elle a pour ses petits, glousse; le merle siffle; le corbeau croasse; la pie babille; le pigeon et la tourterelle roucoulent; le moineau piaule; l'hirondelle gazouille; le coq chante.

Le coq annonce par son chant le point du jour.

C'est une horloge vivante qui dit le matin, à l'ouvrier, au laboureur, à tout le monde, qu'il est temps de se lever pour aller travailler ; qu'il faut être vigilant ; qu'il faut bien employer son temps, et que, pour ne pas se trouver dans l'embarras par sa faute, on ne doit pas remettre à plus tard ce qu'on peut faire de suite.

LES QUADRUPÈDES.

Certains animaux paraissent faits surtout pour nous servir.

Le chien est l'ami de l'homme ; il garde sa maison, ses troupeaux ;

C'est un parfait modèle d'amitié, de fidélité.

Le cheval se trouve aussi sous la main de l'homme pour le soulager dans son travail, pour le porter, pour traîner de lourds fardeaux. Si on n'avait pas le cheval, l'âne le remplacerait.

L'âne rend presque autant de services que le cheval. Mais il est lent, indocile et têtu.

C'est pour cette raison que souvent il reçoit des coups de bâton.

« Quand il boit, il n'enfonce point du tout son nez dans l'eau, par la peur, dit-on, de l'ombre de ses oreilles [1]. »

1. Buffon.

Mais si l'âne se montre sot et stupide en peur de l'ombre de ses oreilles, combien d'enfants peureux qui ne sont pas plus sages que lui sous ce rapport, à qui une ombre, un rien font souvent une peur extrême?

On dit encore, en parlant des enfants qui fréquentent longtemps l'école sans y rien apprendre, pour leur faire honte et se moquer d'eux, que ce sont des ânes.

Le bœuf a la force et la patience en partage.

« Il semble avoir été fait exprès pour la charrue. La masse

de son corps, la lenteur de ses mouvements, le peu de hauteur de ses jambes,

« Tout, jusqu'à sa tranquillité et sa patience dans le travail, semble concourir à le rendre propre à la culture des champs[1]. »

La vache donne du lait, ainsi que la chèvre, qui est la vache du pauvre.

La peau du bœuf et de la vache apprêtée par le tanneur devient le cuir dont on fait les souliers.

Celle de la chèvre fournit le cuir appelé maroquin.

1. Buffon.

La brebis donne aussi du lait, et porte de la laine dont on fait des vêtements pour l'hiver.

Comme une mère tendre, elle allaite son petit agneau, si doux, si caressant, que rien n'est plus aimable que ce petit animal.

C'est la figure des enfants dociles et obéissants.

Les services que nous recevons chaque jour de ces animaux devraient nous rendre bons envers eux, et reconnaissants envers Dieu qui nous les a donnés.

Cependant, chose bien triste à dire, on est souvent méchant

sans aucun motif envers ces pauvres créatures.

On les fait souffrir, on les maltraite avec cruauté.

Qui n'a vu quelquefois un charretier, un bouvier brutal, les frapper à grands coups de fouet ou d'aiguillon?

Celui qui bat son cheval, son bœuf, sa vache, son chien, sans retenue, est un méchant.

HISTOIRE DE MÉDOR.

Pendant une grande inondation, beaucoup de familles surprises par le débordement subit des eaux avaient eu à peine le temps de sortir de leurs maisons sans rien emporter.

O malheur! ô désolation! sur la vaste étendue des eaux, au milieu des débris de tout genre,

Qui flottent à la surface, on aperçoit un berceau.

Dans ce berceau repose un petit enfant, tranquille, insouciant du danger, dormant au-dessus de l'abîme, comme il dormait sur le sein de sa mère.

Cependant un grand danger l'environne. A chaque instant le berceau peut chavirer et le pauvre petit peut périr.

O mon Dieu! ayez pitié de la pauvre mère! ayez pitié du malheureux père! sauvez cette innocente créature!

L'enfant ne périra pas. Pendant que le berceau se soutient sur les flots, entre les ailes de son ange gardien, voici venir un sauveur.

Le chien de la maison, le fidèle Médor, a vu disparaître le berceau.

Il le suit à la nage. Sa tête s'élève au-dessus de l'eau; son œil ardent et fixe ne perd pas un seul instant de vue ce berceau qu'il veut sauver.

Il nage, il nage longtemps pour l'atteindre.

Il se rapproche, mais il est fatigué, épuisé; il disparaît lui-même sous l'eau.

Le voilà qui reparaît, et, en même temps qu'il fait un dernier effort, le berceau va se heurter contre un tronc d'arbre.

Le contre-coup renvoie le berceau du côté du pauvre Médor. Il saisit entre ses dents un bout de la couverture· et l'entraîne vers la terre.

Encore quelques efforts, et le berceau est sauvé. Une barque arrive qui recueille l'enfant et Médor.

La pauvre mère regarde avec une tendresse inexprimable le bon chien qui vient d'arracher son enfant à la mort.

Elle remercie Dieu du secours qu'il lui a envoyé dans le dévouement de ce courageux et fidèle animal.

C'est la marque d'un mauvais cœur d'être méchant envers les animaux.

Il faut en prendre soin, mais il ne faut pas éprouver pour eux une trop grande sensibilité.

C'est le défaut de beaucoup

d'enfants de s'attacher à un oiseau, à un chien, d'une manière
déraisonnable.

Les animaux féroces habitent
les forêts et les déserts.

Le lion

L'éléphant est le plus grand
de tous les quadrupèdes.

Ses dents donnent cette substance fine, douce et blanche, qu'on appelle l'ivoire.

Le lion est le plus fort et le

Le jaguar

roi des animaux, comme l'aigle est le roi des oiseaux.

L'éléphant, le lion, le tigre, la panthère, ne se trouvent que dans l'Asie et l'Afrique.

Chaque animal a une manière

particulière de se faire entendre.

Le chien aboie, le chat miau-le, le cheval hennit, le bœuf mugit, la brebis et la chèvre bêlent, le cochon grogne, l'âne brait, le loup hurle, le renard glapit, le cerf brame, le lion rugit.

LES INSECTES.

Il y a une autre espèce d'êtres vivants qu'on nomme insectes.

Dieu, qui est si grand dans les grandes choses, est encore plus admirable dans les petites.

Le léger papillon, paré des plus belles couleurs, promène

de fleur en fleur ses caprices et ses fantaisies.

On dirait une fleur qui vole.

Certains papillons ont des ailes semblables à un beau velours; les autres ont des ailes de gaze qui brillent aux rayons du soleil comme des perles et des diamants;

Il y en a d'autres qui ont des couleurs comme celles de l'arc-en-ciel.

Ce papillon volage, qui va de fleur en fleur et ne se repose sur chacune qu'en voltigeant, est l'image des enfants frivoles qui n'aiment que les amusements et ne s'appliquent pas à leur leçon.

La matière des plus riches habillements nous est fournie par un autre insecte qu'on appelle ver à soie.

Ver à soie filant son cocon.

Qu'il est beau ce fil de soie, plus délié qu'un cheveu, de quinze cents mètres de longueur, formé par ce petit ver en deux ou trois jours !

Cet insecte nous donne encore une salutaire leçon. Il nous

4

apprend à nous rendre utiles à la société par notre travail.

Et nous fait voir que bien souvent ce sont les gens les plus simples qui font aussi le plus de bien.

Cet autre petit insecte, qui n'est pas plus gros qu'un grain de blé, la fourmi, qui va, qui vient, qui travaille sans cesse, instruit le paresseux.

« Elle n'a ni prince, ni chef, ni roi; cependant elle fait en été ses provisions et recueille sa nourriture durant la moisson.

« Le paresseux, au contraire, reste couché, se croise les bras; aussi la pauvreté fondra sur lui, comme un voleur, et l'indigence se saisira de lui comme un homme armé[1]. »

Ainsi la fourmi nous enseigne que nous sommes tous nés pour travailler, et nous donne un bel exemple de sagesse.

Mais de toutes les merveilles que nous révèle l'étude des insectes, la plus étonnante est celle des abeilles.

Elles vont dans les champs, lorsque les prés et les arbres sont fleuris, recueillir les sucs des

Abeille.

1. *Proverbe* VI, 6.

plantes et des fleurs pour en composer de la cire et du miel.

Elles arrangent dans leurs ruches, avec un ordre admirable et parfait, les rayons où elles déposent les sucs de ces mêmes fleurs qu'elles

Ruche.

ont changé en miel délicieux.

C'est en parlant de l'abeille que Salomon a dit ces belles paroles :

« Ne jugez pas quelqu'un sur son apparence, ni une personne sur son extérieur.

« L'abeille, qui est si petite parmi les insectes qui volent dans l'air, fait cependant un miel dont la douceur surpasse toutes les autres[1]. »

La cigale chante tout l'été; mais, quand l'hiver arrive, que le froid se fait sentir, elle meurt parce qu'elle ne trouve plus rien à manger.

Pendant que la fourmi travaillait, la cigale chantait. Aussi, comme elle n'a pas fait de provisions pendant la belle saison, il faut qu'elle meure de faim au commencement de l'hiver.

1. *Ecclés.* XI.

4.

On compare à la cigale les gens qui, lorsqu'ils sont jeunes, ne pensent qu'au plaisir. Quand ils ne peuvent plus travailler, ils sont malheureux parce qu'ils n'ont rien, endurent toute sorte de privations, et finissent leur vie dans la misère.

La mouche est une importune qui pénètre partout. On la chasse, mais elle revient toujours.

Les gens importuns font comme la mouche; aussi ils sont détestés de tout le monde.

L'HOMME

Quelque admirable que soit la terre, avec toutes ses productions, le monde serait comme un désert sans la présence de l'homme.

Quand un roi doit faire son entrée dans une ville, toutes les personnes attachées à son service vont devant,

Afin qu'à l'arrivée du maître, tout se trouve disposé à le recevoir.

Ainsi a fait le Créateur à l'égard de l'homme, qu'il a établi le maître de la terre.

Après avoir créé le ciel et la terre, il commanda à la terre de produire des plantes et des arbres de toute espèce;

Et en même temps la terre fut ornée de mille fleurs aux couleurs variées, et d'arbres verts.

Il créa encore les poissons qui nagent dans les eaux, les oiseaux qui volent dans les airs, les animaux qui marchent ou qui rampent sur la terre.

Ensuite Dieu a dit : « Faisons l'homme à notre image, et qu'il commande à toute la terre[1]. »

Et Dieu forma le corps de

1. *Genese*, I, v. 26.

l'homme du limon de la terre, et il lui inspira une âme immortelle.

Ainsi fut créé le premier homme. Dieu le nomma Adam, c'est-à-dire tiré de la terre.

Ainsi, c'est pour l'homme que tout a été fait. L'homme est donc aimé de Dieu.

Il a un corps et une âme immortelle. Il marche la tête droite, les yeux levés vers le ciel.

Son visage annonce qu'il a été distingué entre toutes les autres créatures, parce qu'il n'y a que lui qui ait la raison en partage.

Rien ne montre mieux la puissance et la grandeur de Dieu que la formation du corps humain.

Chaque partie de notre corps porte la marque de la sagesse de Dieu.

Notre corps a des organes pour vivre, et d'autres pour agir.

Les organes de la vie servent à nous nourrir et à respirer.

C'est par la bouche que nous prenons les aliments qui entretiennent et conservent la vie.

Pendant que les aliments demeurent dans l'estomac, la digestion se fait, et ils se changent en sang, en chair et en os.

Le sang ne reste pas en repos dans l'intérieur du corps.

Il traverse sans cesse les organes et se rend au cœur par les veines;

Puis le cœur le renvoie par les artères dans toutes les parties du corps.

Le battement du cœur produit la circulation du sang, qui entretient la respiration et la vie.

La respiration se fait par les poumons. Ceux-ci reçoivent l'air extérieur par la bouche et par le nez, et le rejettent ensuite dehors.

La bouche est encore l'organe de la parole.

La langue, en battant contre les dents et le palais de la bouche, fait vibrer l'air qui sort de la poitrine, et en tire des sons qui expriment nos pensées.

Les organes des sens servent à sentir ou à mettre en mouvement.

LES SENS.

Nous avons cinq sens qui sont la vue, l'ouïe, l'odorat, le goût et le toucher.

La vue nous permet de voir d'examiner, de regarder de tout côté.

Elle réside dans l'œil que les paupières, les cils, les sourcils préservent des grains de poussière, et protégent contre les injures de l'air.

L'oreille est comme un tambour placé de chaque côté de la tête; elle résonne au moindre bruit qui vient la frapper et nous fait entendre.

L'odorat révèle l'existence des odeurs, et nous en fait apprécier les qualités bonnes ou mauvaises.

Il est comme une sentinelle vigilante, placée au-dessus de la bouche pour nous avertir des qualités des choses bonnes ou nuisibles à la santé.

Le goût est fixé à la langue et à la bouche. Il fait discerner la saveur des aliments, et devient une source de plaisirs agréables.

C'est par le goût que nous distinguons la douceur ou l'amertume des viandes et des fruits que nous mangeons, et des choses que nous buvons.

Le tact est répandu sur tout notre corps. C'est une sorte de garde qui nous fait juger de certaines propriétés des objets qui nous environnent et touchent notre corps,

Comme leur nature rude ou unie, leur température, leur poids, leur finesse, leur dureté.

C'est aux mains principalement que la sensibilité du toucher est la plus vive.

Non-seulement la main est l'organe exquis du toucher, mais c'est par elle que l'on fait des ouvrages de toutes sortes.

C'est avec ce frêle et petit organe qu'on fait des vêtements, qu'on bâtit des maisons, qu'on construit des navires, qu'on fabrique des outils, des meubles, des bijoux, des machines, des livres, des pendules, des montres, des glaces, des tableaux, des voitures, enfin tout ce qui sert à nos besoins et à notre agrément.

Rien n'est plus digne d'admiration que l'arrangement de la main.

Elle est composée de petits os, de chair et de nerfs, unis et disposés ensemble avec un art merveilleux.

La paume de la main est ferme, solide et mobile.

Sur elle, se courbent à volonté, d'un côté, quatre doigts, forts et souples;

De l'autre côté, est un cinquième doigt, qu'on nomme pouce, placé de manière à retenir les objets saisis par les autres.

Les doigts se plient, s'écartent et se tiennent comme on veut.

Le singe a aussi des mains, mais on ne le voit pas pour cela bâtir des maisons, faire des horloges, des habits, des meubles.

Que manque-t-il donc au singe pour faire les mêmes tra-

vaux que l'homme, puisqu'il a
des mains comme lui?

Le singe.

Il lui manque la raison, qui
n'a été donnée qu'à l'homme.

Le singe est un simple animal qui n'a qu'un instinct, tandis que l'homme est une créature raisonnable,

A qui Dieu a donné non pas un instinct, mais une âme immortelle, faite à son image et à sa ressemblance.

L'AME.

Les animaux, et jusqu'aux moindres insectes, voient les objets exposés à leurs yeux;

Mais ils ne sauraient faire aucune question. Il n'y a point en eux de raison pour juger et distinguer le bien du mal.

Il n'y a que l'homme qui puisse raisonner, puisqu'il a une âme.

Cette âme, que Dieu a unie au corps humain, est un esprit qui ne peut être aperçu par les sens.

On ne peut voir, ni toucher l'âme. Tant qu'elle est unie au corps, elle l'anime, elle lui conserve la vie.

Lorsqu'elle cesse de lui être unie, la mort arrive; car la mort n'est autre chose que la séparation de l'âme d'avec le corps.

C'est donc par l'âme que nous pensons, que nous réflé-

,chissons; que nous connaissons la vérité, le bien et le mal; que nous faisons ce que nous voulons.

Le pouvoir qu'a l'âme de penser s'appelle l'intelligence.

Chacun doit s'appliquer à connaître ce qui est vrai et à faire ce qui est juste et bon.

Les petits enfants eux-mêmes savent ce qui est bien, ce qui est mal.

Quand ils veulent faire une mauvaise action, ils se cachent, ils regardent si personne ne les voit.

Pourquoi cela? C'est qu'ils

sentent qu'ils ne font pas bien.
Mais qui le leur a dit? C'est leur
âme en qui Dieu a mis la con-
naissance du bien et du mal,
c'est-à-dire leur conscience.

Aussitôt donc qu'un enfant
fait mal, la conscience crie en
lui pour lui reprocher sa mauvaise pensée ou sa mauvaise
action.

Elle lui dit : Malheureux, que
vas-tu faire en dérobant des
fruits, des friandises, de l'argent? Tu sais que c'est mal
d'être voleur, désobéissant, li-
bertin, et que tu peux être
sage si tu le veux. Voilà pour-

quoi tu te caches et tu veux
que personne ne te voie.

S'il n'écoute pas sa con-
science, qu'il fasse une mauvaise
action, il ne tarde pas à s'en
repentir, à sentir en lui-même
une peine qui se nomme le
remords.

La conscience lui reproche
alors sa faute et lui dit que
quelqu'un l'a vu quand il faisait mal, Dieu qui est partout,
quoique invisible :

Dieu qui connaît jusqu'aux
pensées les plus secrètes de
notre cœur.

C'est une première punition

de sa faute, bien que commise en secret.

Au contraire, l'enfant qui résiste au mal, même quand il est seul, est content de lui. Il éprouve une grande joie au fond de son âme; il sent qu'il a bien fait et il est heureux, parce que sa conscience n'a rien à lui reprocher.

Ainsi il faut toujours écouter la voix de la conscience, qui est la voix de Dieu se faisant entendre à chacun au fond de l'âme.

LA FAMILLE.

Dieu, pour faire habiter toute la surface de la terre, a voulu que les hommes vécussent en société.

Le premier anneau de la société, c'est la famille.

Elle est d'abord formée du père et de la mère, qui sont les soutiens nécessaires de leurs enfants.

Dieu envoie au petit enfant quelqu'un qui prend soin de lui. Sa mère d'abord, qui entoure son petit corps de langes et le met dans un berceau.

Elle le nourrit de son lait. Quand il pleure, elle l'endort dans ses bras. Elle le caresse, lui apprend à marcher et à parler ; elle l'embrasse bien souvent.

Mais, tandis que la mère soigne son enfant, le père travaille toute la journée pour gagner de l'argent afin de le nourrir et de l'habiller.

Pendant son travail, il pense à lui, et le soir, quand la journée est finie, lui aussi prend l'enfant, et le fait sauter sur ses genoux et oublie ses fatigues.

Un enfant ne doit jamais
oublier les soins qu'il a reçus de
son père et de sa mère.

Cependant il y a des enfants
méchants, ingrats, qui font fâ-
cher leur père et leur mère,
qui sont désobéissants, deviennent de mauvais sujets et
donnent à leurs parents de
grands chagrins.

De tels enfants sont à plaindre, car ils sont maudits de
Dieu.

Les enfants d'une même famille sont frères et sœurs. Ils
doivent s'aimer les uns les
autres.

Les plus grands doivent prendre soin des plus jeunes ; ils doivent les garder et faire en sorte qu'il ne leur arrive aucun mal.

Les frères et sœurs ne doivent point être jaloux, ni se plaindre, comme il arrive souvent, parce qu'ils croient que leur père ou leur mère a des préférences pour quelques-uns de leurs enfants.

Pour éviter toute jalousie, les enfants doivent se rappeler les paroles du Sauveur Jésus : « Aimez-vous les uns les autres, afin que vous soyez les

enfants de votre père qui est
au ciel [1]. »

LA BONNE PETITE FILLE.

Toinette était âgée d'environ
onze ans, quand elle perdit sa
mère.

Sa figure était remarquable
par une expression de singu-
lière bonté.

Elle s'était montrée, au milieu de sa famille, un modèle
de bonne conduite, tant envers
ses grands parents, qu'à l'égard
de son frère et de sa sœur, dont
elle était l'aînée.

1. Matthieu, v, 45.

C'était elle qui avait élevé ces deux enfants, dont l'un avait alors sept ans, et l'autre cinq.

C'était elle qui les avait bercés, qui les promenait et les soignait.

Puisque Dieu a rappelé ma mère à lui, disait-elle, il faut bien que je la remplace, au moins autant que mes forces me le permettront.

Quand je pense à ma mère, quand je vois tout ce qu'elle faisait;

Quand mon père est fatigué de travail, et que mon frère et

ma sœur courent après moi,
comme ils couraient après ma
mère,

Cela me donne du courage
pour travailler. Et puis, c'est ce
que ma mère m'a recommandé
la veille de sa mort, lorsqu'elle pouvait encore parler :

Toinette, m'a-t-elle dit, Dieu
me rappelle à lui ; c'est toi qui
auras soin de ton père, de ton
frère et de ta sœur ; Dieu t'en
donnera la force et le courage.

Depuis ce moment, je vois
mes parents, mon ouvrage et
Dieu tout à la fois, toujours là
devant mes yeux.

Quand je suis fatiguée, je prie Dieu de me donner de la force.

Lorsque mon père travaille, je pense à l'aider, et mon frère et ma sœur me font sans cesse souvenir que ma mère et Dieu me regardent toujours, pour voir si j'ai soin d'eux.

Aussi la pauvre Toinette se levait de grand matin pour régler l'intérieur de sa maison, pour habiller son frère et sa sœur, apprêter les repas.

Tout le monde admirait le dévouement de cette bonne petite fille, qui soignait son frère et sa sœur comme une mère et aidait son père à gagner leur vie.

AGRICULTURE.

Comme c'est de la terre qu'on tire tout ce qui est nécessaire à nos besoins, l'agriculture est la plus utile des professions.

Pour que la terre produise du blé, des fruits, des légumes, il faut donc la cultiver.

Avant d'ensemencer la terre, on commence par la labourer.

C'est avec des bœufs ou des vaches qu'on laboure. On les attelle avec un joug, puis on les met à la charrue.

Dans certains endroits, on laboure avec des chevaux ou des mulets.

La charrue permet de cultiver des espaces de terrain assez considérables en une journée.

Qui n'a vu un laboureur, l'aiguillon à une main, l'autre posée sur le man-

Labourage.

che de charrue, retourner le champ, où l'on doit semer le blé?

Pendant qu'il trace son sillon, d'autres brisent avec un hoyau ou un rateau les mottes de terre soulevées par le soc de la charrue.

Lorsque la terre est bien préparée,

on y jette le grain qu'on recouvre
avec la herse.

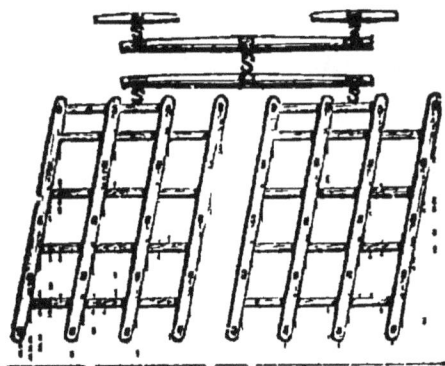

Herse

Au printemps,
on sarcle les blés,
en arrachant les
mauvaises her-
bes, et, à la mois-
son on coupe les
épis avec la faux
ou la faucille, et
on en fait des gerbes.

Ensuite on bat les gerbes avec un

La moisson.

fléau ou en faisant passer dessus une
grosse pierre ronde appelée cylindre.

Quand le blé est passé au van, bien criblé, et bien sec, on le porte au moulin pour le réduire en farine.

C'est avec la farine qu'on fait le pain. Mais, avant que le blé devienne du pain, il faut faire bien des choses.

Si les enfants savaient la peine que coûte une bouchée de pain, ils ne le

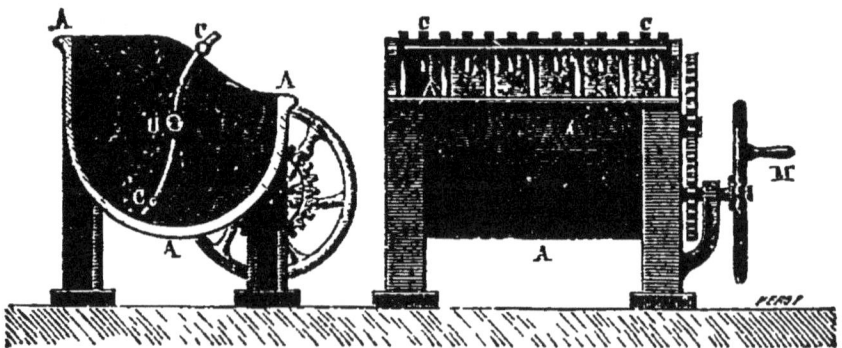

Petrin mecanique

laisseraient point perdre comme ils font bien souvent.

C'est encore l'agriculture qui s'occupe de planter des vignes, dont le raisin, aux vendanges, foulé sous le pressoir, fait couler dans les cuves les flots d'un vin écumeux.

Les vendanges

C'est à l'agriculture qu'on doit l'élevage des bestiaux, dont le lait et la viande servent à notre nourriture.

Les produits de l'agriculture sont très-variés et donnent lieu à des travaux continuels pendant l'année.

L'air de la campagne est très-salutaire à la santé. Ceux qui travaillent aux champs sont ordinairement bien portants.

Ils mènent une vie tranquille, loin

6

du tumulte des villes et du bruit du monde.

Heureux s'ils savent apprécier leur bonheur et couler des jours paisibles dans le calme de la campagne!

S'ils ne connaissent pas les fêtes bruyantes des cités, ils ont la douce joie de se trouver, chaque dimanche, réunis en famille dans l'église de leur village, autour de laquelle on voit les tombes des parents décédés.

Là, le pasteur leur explique dans un langage simple les vérités de l'Évangile. Il les exhorte à faire le bien, à fuir le mal, à respecter les parents et les maîtres, à ne faire tort à personne ni dans son bien ni dans sa réputation, à s'aider les uns les autres,

Afin qu'ils soient les dignes enfants du Père qui est au ciel.

Ces paroles bienfaisantes raffermissent les esprits. Chacun revient chez soi, le cœur content, et recommence le lendemain avec joie les travaux de la semaine.

INDUSTRIE.

VÊTEMENTS.

Après l'agriculture, qui s'occupe de pourvoir aux premiers besoins de la vie, les professions les plus nécessaires sont celles qui ont pour objet le vêtement et le logement.

Pour s'habiller il faut beaucoup de choses.

Le tisserand fabrique le drap qui doit servir à faire des habits, et le tailleur le façonne.

Il y a plusieurs sortes d'étoffes. Les unes sont faites avec de la soie, les autres avec du fil, du coton ou de la laine.

Avec la soie, on fabrique le satin, le velours, le taffetas, les rubans.

Avec le fil, on fait la toile, la batiste; avec la laine, on fait le drap, le

Métier à tisser.

mérinos; avec le coton, les indiennes, le calicot.

On donne ordinairement aux étoffes une couleur. C'est le teinturier qui leur applique les couleurs qu'on veut leur donner. Quelquefois on teint seulement les fils, et le tisserand les arrange de manière à former des raies ou d'autres desseins.

Métier à filer et fuseau.

Beaucoup pensent à tort que pour être bien habillé, il faut avoir de belles étofies, et des habits à la mode.

C'est une grande erreur. On peut être très-bien habillé, quoique simplement, pourvu qu'on soit toujours bien propre et honnête.

Une bonne conduite pare bien mieux qu'un bel habit. C'est pour cela qu'on dit avec raison :

Bonne renommée
Vaut mieux que ceinture dorée.

6.

C'est pour ceux qui se croient beaucoup, parce qu'ils pensent qu'il suffit d'avoir un bel habit pour être admiré, qu'a été faite la fable suivante :

LE LIMAÇON ET LES PASSANTS.

Un limaçon, un jour, sortit de sa coquille,
Il en était tout fier, il s'en croyait plus beau,
　　　Par quoi faisant le damoiseau,
Il disait aux passants : Voyez comme je brille.
　　　Tu brilles, lui dit l'un d'entre eux ?
Au contraire, jamais tu ne fus plus hideux.
　　　Ne t'imagines donc pas être
Ce que la vanité veut te faire paraître.
　　　Bien que paré de ta maison,
Tu ne seras jamais qu'un limaçon.

LOGEMENT.

Il ne suffit pas d'avoir des vêtements, il faut encore se mettre à l'abri du mauvais temps.

Avoir un refuge où l'on puisse résider, loger les meubles, les récoltes, les bestiaux.

Les bâtiments qui servent à l'habitation de l'homme sont les maisons.

On serre dans les granges, les foins, la paille, les gerbes.

On loge les chevaux dans les écuries; les bœufs, les vaches, les brebis, dans les étables.

On place les voitures dans les remises. Les magasins sont destinés à renfermer les provisions et les vivres.

Celui qui veut construire un bâtiment emploie divers matériaux et divers ouvriers.

Les uns taillent les pierres, préparent avec de la chaux et du sable le mortier, batissent les murailles. Ce sont les maçons qui font cet ouvrage.

Les autres taillent les pièces de bois

qui doivent soutenir la toiture ou les planchers, c'est la besogne des charpentiers.

Les menuisiers font les croisées, les portes, les volets, les parquets et tous les ouvrages en bois.

Les serruriers façonnent les serrures, les loquets, les verrous et les autres ferrures dont on fait usage dans la construction des maisons.

Les plâtriers établissent les cloisons, les plafonds, les cheminées;

Les peintres mettent une couleur sur les contrevents pour les faire durer davantage. La couleur à l'huile empêche la pluie et l'humidité de pénétrer dans le bois, de le faire pourrir, et les vers de le ronger.

Les vitriers posent aux fenêtres les carreaux de verre qui, en laissant pénétrer le jour dans les appartements, empêchent le vent ou le mauvais temps de s'y faire sentir.

Les maisons sont couvertes de différentes matières. Les unes en ardoises ; les autres en tuiles creuses ou plates, et quelques-unes avec de la paille.

Celles qui sont couvertes avec de la paille s'appellent chaumières.

On doit, autant que possible, n'employer jamais de paille pour couvrir les maisons et les ·étables à cause du danger du feu.

AMEUBLEMENT.

Dans une maison il y a des meubles qui servent à différents usages.

Les uns servent à faire cuire les aliments, tels que les ustensiles de cuisine ; à prendre les repas ; les autres à serrer les habillements, le linge, l'argent, les provisions, tels que les armoires, les tiroirs, les commodes, les secrétaires.

Quelques-uns à reposer pendant le jour ou pendant le sommeil nos membres fatigués, comme les lits, les chaises, les fauteuils.

Il y en a qui sont uniquement destinés à l'ornement des chambres et des salons tels que les glaces, les trumeaux, les tentures.

On fait des meubles avec des métaux : en fonte, en fer, en cuivre, en étain, en or, en argent.

Avec toute sorte de bois : en acajou, en palissandre, en noyer, en cérisier, en chêne; avec du marbre, de l'argile dont on fabrique la faïence et la porcelaine; avec le verre et le cristal.

C'est une bonne chose qu'une maison avec son ameublement. Cependant le Sauveur Jésus nous fait cette belle recommandation :

« Gardez-vous de toute avarice, car la vie de chacun ne dépend point de l'abondance des choses qu'il possède.

« Il y avait un homme riche, dont le champ rapportait beaucoup de fruits.

« Or, il pensait en lui-même, disant : que ferai-je? car je n'ai point où serrer ma récolte.

« Et il dit : Voici ce que je ferai. Je détruirai mes greniers, j'en ferai bâtir de plus grands, et j'y rassemblerai tout le produit de mes terres et tous mes biens.

« Et je dirai à mon âme : Mon âme, tu as des biens en réserve pour plusieurs années; repose-toi; mange, bois et fais bonne chère.

« Mais Dieu lui dit : insensé! cette nuit même, on te demandera ton âme; ce que tu as amassé, pour qui cela sera-t-il ?

« Ainsi est celui qui amasse un trésor pour lui et n'est point riche devant Dieu[1]. »

COMMERCE.

Avec l'or, l'argent et le cuivre, on fabrique des pièces de monnaie de différentes valeurs : des louis, des écus, des sous, des centimes.

Ceux qui travaillent reçoivent pour prix de leur travail un salaire qu'on leur paye avec de la monnaie.

C'est avec cette monnaie qu'on paye tout ce qu'on achète.

Dans les villes, comme dans les

1. Luc, XII, 15-21.

campagnes, chacun n'a pas tout ce qu'il lui faut.

Le laboureur vend son blé, son vin, ses bestiaux, et, avec l'argent qu'il en retire, il achète des meubles, des habits.

Celui qui vend ces marchandises achète à son tour, du pain, de la viande, du vin, et autres provisions.

Mais, soit qu'on vende ou qu'on achète, il faut prendre garde de ne tromper personne.

Quiconque trompe sur le poids, la mesure, la qualité ou le prix de la marchandise, fait une mauvaise action; il dérobe le bien d'autrui. Or, les voleurs n'entreront point dans le royaume de Dieu, mais leur partage sera avec les méchants[1].

Tous les pays ne produisent pas

1. *I Corinthiens*, VI, 10.

les mêmes choses. Ceux qui donnent le sucre, le café, ne récoltent pas de vin, ni de blé.

Alors, on fait des échanges. Les pays où l'on récolte le vin et le blé vont chercher dans les colonies le sucre, le café, le riz, le poivre et autres productions, qu'ils rapportent en Europe après avoir vendu celles qu'ils avaient prises en France, en Angleterre, en Italie, en Espagne, avant de partir pour l'étranger.

Cafe.

Ceux qui font ce commerce chargent de gros navires qui vont traverser les mers. Les uns vont en Amérique, les autres en Asie, en Afrique, dans l'Inde, la Chine, le Sénégal.

A leur retour, ils abordent dans les principaux ports de l'Europe. En

Port de mer.

France, c'est à Marseille, Bordeaux, Nantes, le Havre, qu'ils se rendent pour faire le déchargement.

Dans chaque ville un peu importante, il y a de grands négociants qui vont acheter, dans ces ports de mer, des quantités considérables de marchandises.

Ils les revendent ensuite en détail, et ces marchandises arrivent jusque dans les plus petits villages, par le moyen du roulage, qui se fait par les rouliers, qui les transportent sur les routes avec des charrettes tirées par de forts chevaux ; ou par le moyen des chemins de fer.

Tout cela est bien commode et bien utile, et on doit au commerce tous ces bienfaits.

LE GOUVERNEMENT.

On les doit encore au gouvernement qui entretient les routes pour faire facilement les voyages et les transports.

Le gouvernement veille encore à la sécurité de tout le monde.

Il a établi des tribunaux pour juger les affaires qui donnent lieu à des procès, ou pour punir les malfaiteurs.

On met les malfaiteurs en prison, ou on les envoie aux galères.

Les prisons sont des maisons sombres et tristes, entourées de hautes murailles ; leurs fenêtres sont garnies de barres de fer.

Les prisonniers ne peuvent point sortir. On les fait travailler et ils sont soumis à une discipline sévère.

Ce sont les gendarmes qui arrêtent les malfaiteurs et qui les mènent en prison la chaîne au cou.

Il vaudrait bien mieux n'être jamais venu au monde que d'aller en prison pour sa mauvaise conduite.

Le gouvernement a aussi établi des écoles dans les villes et les villages pour instruire les enfants.

C'est à l'école qu'on apprend à lire,
à écrire, à calculer ; mais on y apprend
encore quelque chose de plus utile, à
connaître Dieu, à être honnête, soumis, respectueux et obéissant. Quel

École.

grand bonheur pour un enfant de
pouvoir aller à l'école, et comme il
doit s'appliquer à suivre les bons conseils qu'on y donne !

Ces bons conseils feront son bonheur s'il sait en profiter et s'il veut devenir sage.

Qu'il écoute donc les utiles recommandations que chaque jour on lui fait à l'école, et qui sont mises ici à la fin de ce livre !

En les suivant, il travaillera à se rendre heureux lui-même, et fera la joie de son maître et la consolation de son père et de sa mère.

L'ÉDUCATION.

Dès le matin, un enfant sage doit prier Dieu de le bénir; se lever aussitôt qu'on l'appelle, sans se plaindre, ni sans pleurer.

Il doit s'habiller de suite ; se laver la figure, les mains, se peigner, ou s'il est trop petit pour le faire, demander poliment qu'on ait la bonté de faire sa petite toilette, puis se préparer pour se rendre à l'école.

Il ne s'amusera pas en chemin, ou dans les rues, mais il arrivera régulièrement au commencement de la classe.

7..

L'enfant qui s'habitue à partir tard de sa maison, ou qui s'arrête dans le trajet de la maison à l'école, arrivera tard, et se fera punir.

Aussi il en résultera qu'il prendra l'école en dégoût, qu'il perdra son temps, et qu'il s'habituera peut-être à manquer la classe.

Quelle mauvaise habitude pour un enfant et combien elle lui sera funeste pour le reste de sa vie !

Plusieurs ont commencé par être négligents, puis paresseux et ont fini par devenir mauvais sujets.

Pendant l'école un enfant doit être attentif, s'appliquer à lire sa leçon dans son livre, ne pas en déchirer les pages, ni déranger les autres en parlant, en riant ou en faisant du bruit.

Lorsque les autres lisent, il ne doit pas regarder de côté et d'autre, mais il doit suivre des yeux la leçon dans son livre, c'est le moyen d'apprendre vite.

S'il écrit, il doit tâcher d'imiter son modèle, de ne pas barbouiller son cahier, ni ses mains, ni son visage avec de l'encre.

A la récréation, il prendra garde en s'amusant de ne pas se faire de mal et de n'en pas faire aux autres.

Les enfants qui ne savent pas s'amuser sans se battre, ni sans pleurer pour la moindre chose, ni sans aller se plaindre, salir ou déchirer leurs habits, sont des enfants mal élevés que tout le monde déteste.

Au retour de l'école, il faut aller droit à la maison, sans courir ni crier.

A la maison, en montant ou en descendant dans l'escalier, il ne faut pas faire de bruit, mais il faut monter ou descendre doucement pour ne pas déranger les personnes qui sont dans la maison.

Chez lui, un enfant bien élevé n'est jamais indiscret. Il y a des enfants qui font la désolation de leurs parents. Ils sont curieux, indiscrets, mettent la main sur tout, furètent dans les tiroirs, les armoires.

Leurs parents ne peuvent les amener avec eux nulle part, car ils les exposent à recevoir des affronts, parce qu'ils font chez les autres comme chez eux.

A table, un enfant comme il faut, attend qu'on lui serve sa portion. Il remercie poliment, et se garde bien d'imiter ces enfants malhonnêtes qui montrent du bout du doigt les viandes qu'ils aiment, mangent malproprement, à pleine bouche, mettent leurs doigts dans l'assiette, salissent leurs habits, et font dire à ceux qui les voient : Oh! que cet enfant est mal élevé! Si on lui donne quelque chose de bon avec son pain, qu'il ne mange pas d'abord ce qui est bon et laisse ensuite le pain.

Si quelqu'un parle, l'enfant, qui suit les recommandations qu'on lui fait à l'école, écoute tranquillement, et se garde bien d'interrompre la personne qui parle, encore moins de reprendre ce qu'elle dit, fût-ce sa mère ou sa sœur.

Il y a des enfants qui font des grimaces ou des mignardises qui dénotent un enfant gâté. Si on les gronde un peu, ils pleurent et sanglotent pendant des heures entières. Ils boudent pour rien. Que de tels enfants sont haïssables !

L'enfant sage ne dit jamais de paroles grossières. Il est toujours si modeste, que si les autres disent un mot sale ou font une action déshonnête, cela lui fait honte et le fait rougir.

On ne l'entend point jurer. Il ne sait pas mentir. S'il passe près d'un jardin, il se garde bien de toucher aux fruits ou aux fleurs.

Il aurait honte de ressembler à ces enfants qui volent tout ce qu'ils peuvent prendre, des plumes, des crayons à leurs camarades, des billes, des toupies, et qui disent à leurs parents qu'ils les ont trouvés.

Et quand le mensonge est découvert, ce qui arrive souvent, comme ces méchants enfants doivent être honteux d'être reconnus pour des voleurs et des menteurs.

L'honnête enfant, qui craint Dieu à qui aucune mauvaise action n'est cachée, n'est jamais exposé à une pareille confusion, car il ne vole rien à personne.

S'il entend dire quelque chose dans sa maison, il ne rapporte rien de ce qu'il a entendu.

S'il trouve quelque chose, il ne le garde pas pour lui, mais il le remet à son maître d'école qui cherche celui qui a perdu l'objet trouvé.

Il est poli envers tout le monde, envers ses parents, et même ses camarades. Il ne leur dit jamais rien qui puisse ressembler à une injure ou qui puisse lui faire de la peine.

Il répond toujours honnêtement. Il se garde bien de dire : Vous m'ennuyez, cela ne vous regarde pas, et autres paroles plus grossières encore, ainsi que cela arrive à des enfants qui n'ont aucune éducation.

Il ne se moque pas des malheureux, il ne contrefait pas les défauts des autres, ce qui est toujours la marque d'un enfant méchant; il n'insulte pas les vieillards, ne maltraite pas des animaux inoffensifs, en leur jetant des pierres ou en leur donnant des coups.

Ses habits sont toujours propres. Il a les ongles courts, il est bien peigné, et ne se mouche point avec les doigts ou avec la manche de son habit, comme font certains enfants crasseux et malpropres, mais il se sert toujours de son mouchoir.

Il ne se plaît point à faire de la peine aux autres, comme certains enfants taquins qui se font un malin plaisir de contrarier leurs camarades en toutes occasions ; qui sont contents quand ils les voient pleurer ou se mettre en colère.

Il arrive souvent à ces enfants qui cherchent querelle de pleurer à leur tour, parce que ceux qu'ils attaquent sont plus forts qu'eux et qu'ils leurs portent de bons coups, juste punition de leurs taquineries.

Il n'est ni désobéissant, ni entêté. La désobéissance des enfants est punie quelquefois sévèrement. En voici un exemple :

Le petit Louis avait l'habitude, malgré la défense de ses parents, de dénicher les oiseaux. Un jour, il monta sur un arbre pour dénicher un nid ; au moment où il prenait le nid, la branche sur laquelle il avait posé ses pieds se cassa. Le petit Louis tomba à terre et se tua.

On ne voit jamais un enfant bien élevé faire de mauvaises espiègleries pour chercher à faire rire. Comme il ne serait pas content qu'on fît rire les autres à ses dépens ; — il se garde d'imiter ces enfants étourdis, qui ne font pas attention aux suites que peut avoir une mauvaise plaisanterie.

Firmin avait la mauvaise coutume, en allant ou en revenant de l'école, d'aller frapper aux portes des maisons qui étaient sur son chemin.

Il riait à gorge déployée lorsqu'il avait inutilement dérangé les gens des maisons où il avait frappé.

Mais un jour, comme il frappait à la porte d'une maison, la porte s'ouvrit lorsqu'il ne s'y attendait pas. Un chien sortit qui mordit le pauvre Firmin. Il resta au lit plusieurs jours et son père lui donna encore une forte correction. Firmin apprit à ses dépens qu'il n'est pas toujours bon de faire l'espiègle.

D'autres enfants pour avoir voulu piquer des chevaux ou des bœufs en ont reçu des coups de pied qui les ont tués ou estropiés pour toute leur vie.

Enfin l'aimable enfant, tel qu'est celui qui suit bien les bons conseils qu'on lui donne à l'école, n'est point orgueilleux. — Il ne méprise point les autres s'il est riche. — Il a appris que l'orgueilleux est semblable à ces épis vides qui lèvent bien haut la tête, parce qu'ils ne portent point de grain. — Il comprend qu'il n'y a point pour lui de mérite à être riche puisque ce n'est pas lui qui a gagné la fortune qu'il tient de ses parents. — D'ailleurs on a vu des gens riches devenir pauvres. — S'il n'est pas riche, il est humble, car l'enfant modeste et honnête se fait aimer des riches qui peuvent l'aider et lui faire du bien.

PRIÈRE DE L'ENFANT,

O mon Dieu! que j'avance en grâces,
Comme autrefois l'enfant Jésus;
Que, docile à suivre ses traces,
Toujours j'imite ses vertus!

Comme un enfant doit être heureux d'aller à l'école où on lui enseigne de si belles choses!...

TABLE DES MATIÈRES.